Freude sei dein Tag

Freude sei dein Tag

Texte von Henry D. Thoreau
Fotografien von Florian Werner

Herder Freiburg · Basel · Wien

Wenn ein Mensch vertrauensvoll die Richtung einschlägt, die ihm seine Träume weisen, wenn er danach strebt, sein Leben so zu leben, wie es ihm vorschwebt, dann werden ihm Erfolge beschieden sein, von denen er in den Stunden des Alltags nur träumen konnte. Manches wird er aufgeben, er wird eine unsichtbare Grenze überschreiten, neue, universellere, freiere Gesetze werden von ihm Besitz ergreifen. ... Hast du Luftschlösser gebaut, so war dies nicht vergeblich. Nun gib ihnen ein Fundament.

(W)

Nach einer stillen Winternacht erwachte ich mit dem Gefühl, daß mir jemand eine Frage gestellt hatte, deren Antwort ich im Schlaf vergeblich suchte.
Doch nun blinzelt die erwachende Natur mit heiterem, zufriedenem Antlitz zu meinen breiten Fenstern herein. Keine Frage kommt von ihren Lippen. Vielmehr scheint das Tageslicht zu sagen: Vorwärts! Die Natur stellt keine Fragen und beantwortet auch keine, die Sterbliche an sie stellen. Ihr Plan war schon vor langer Zeit gefaßt.

(W)

Alle denkwürdigen Begebenheiten, meine ich, ereignen sich am Morgen und in Morgenluft. Dichtung, Kunst und die denkwürdigsten Handlungen des Menschen entspringen einer solchen Stunde. Erst der Sonnenaufgang bringt das Lied der Dichter und Helden zum Klingen.

(W)

Verbringen wir einen Tag mit soviel Bedacht wie die Natur. Lassen wir uns nicht durch jede Nußschale und jeden Mückenflügel, der uns in den Weg fällt, aus der Bahn werfen. Stehen wir zeitig auf, und fasten oder frühstücken wir, leise und in Ruhe. Mögen Menschen kommen und gehen, mögen die Glocken läuten und die Kinder schreien - wir wollen diesen Tag feiern. Warum sollen wir uns unterkriegen lassen und mit dem Strom schwimmen?

(W)

Heute blieb ich unterwegs plötzlich stehen, um die Bäume zu bewundern, die einfach wachsen, ohne sich um die Zeitumstände zu kümmern. Sie warten nicht, wie es die Menschen tun. Jetzt und immer ist das goldene Zeitalter der jungen Bäumchen; Erde, Luft, Sonne und Regen genügen ihnen vollauf.

(C)

Der Morgen ist die denkwürdigste Tageszeit, er ist die Stunde des Erwachens. Da ist die Schläfrigkeit in uns am geringsten und wenigstens eine Stunde lang erwacht ein Teil von uns, der sonst den ganzen Tag und die ganze Nacht hindurch schlummert.

(W)

Wir müssen lernen, wieder zu erwachen und wachzubleiben, nicht durch mechanische Hilfsmittel, sondern durch die unaufhörliche Erwartung des Sonnenaufgangs, die uns auch im tiefsten Schlaf nicht verläßt.

(W)

Ich zog in die Wälder, um bewußt zu leben, um mich nur mit den wesentlichen Dingen des Lebens auseinanderzusetzen. Und ich wollte sehen, ob ich nicht das lernen konnte, was das Leben zu lehren hatte, anstatt in der Stunde des Todes zu entdecken, daß ich nicht gelebt hatte.

(W)

Warum haben wir es so verzweifelt eilig, zum Erfolg zu kommen? Noch dazu mit solch waghalsigen Unternehmungen? Wenn einer mit den anderen nicht Schritt hält, liegt es vielleicht daran, daß er auf einen anderen Trommler hört. Jeder richte seine Schritte nach der Musik, die er vernimmt, ganz gleich, wie fern sie klingen mag.

(W)

Der wirklich tüchtige Arbeiter stopft seinen Tag nicht mit Arbeit voll, sondern schlendert an seine Aufgabe heran, umgeben von einer breiten Gloriole aus Gemächlichkeit und Muße. Sein Tag hat viel Raum für Entspannung. Es geht ihm nur um den Kern der Zeit, er überschätzt nicht den Wert der Schale. Warum soll die Henne den ganzen Tag sitzen? Sie kann ja nur ein Ei legen und außerdem kein Futter picken für ein neues Ei.

(H)

Die Zeit ist nur ein Strom, in dem ich fische. Ich trinke aus ihm, aber während ich trinke, sehe ich den sandigen Boden und merke, wie seicht der Fluß ist. Seine schwache Strömung gleitet dahin, aber die Ewigkeit bleibt bestehen.

(W)

Steh sorglos auf, bevor der Tag beginnt, und zieh auf Abenteuer aus. Der Mittag soll dich an anderen Ufern finden, und wo die Nacht dich überrascht, dort sei dein Zuhause. Es gibt keine weiteren Wiesen als diese, keine besseren Spiele, als sie hier gespielt werden. Wachse und blühe wild, wie es deiner Natur entspricht, so wie das Schilf und das Farnkraut, aus denen niemals Heu wird. Laß den Donner grollen. Auch wenn er dem Bauern die Ernte verhagelt - dir hat der Donner anderes zu sagen. Suche Obdach unter der Wolke, während die anderen sich in Wagen und Hütten flüchten. Für den Lebensunterhalt zu sorgen soll dir Vergnügen sein, nicht Arbeit. Erfreue dich des Landes, aber besitze es nicht.

(W)

Erst wenn wir all unser Wissen vergessen, beginnen wir, etwas zu wissen. ... Um zur totalen Wahrnehmung eines Gegenstandes zu gelangen, muß ich ihn zum tausendsten Mal als etwas völlig Fremdes in den Blick fassen. ... Wer hat die Schritte zur Entdeckung der Schönheit markiert?

(H)

Jede Jahreszeit ist wie ein verschwindend kleiner Punkt. Kaum gekommen, ist sie schon wieder entschwunden. Jede alljährlich wiederkehrende Erscheinung ist wie eine Erinnerung, wie ein Stichwort. Ein Jahr besteht aus einer Reihe von Gefühlen und Gedanken, die ihre Sprache in der Natur finden. Jetzt bin ich Eis, jetzt bin ich Sauerampfer.

(C)

So ist die Schönheit immer, sie ist nicht hier und nicht dort, nicht jetzt oder damals, weder in Rom noch in Athen, sondern überall da, wo eine Seele ist, die zu bewundern vermag. ... Vielleicht machen Aufrichtigkeit und Durchsichtigkeit, wie wir sie in Tautropfen, Seen und Diamanten erblicken, einen großen Teil der Schönheit aus.

(C)

Selig wären wir, wenn wir immer in der Gegenwart lebten und alles, was uns widerfährt, auch nutzen könnten. Wie das Gras, das auch den kleinsten Tautropfen dankbar aufnimmt. Statt dessen verbringen wir unsere Zeit damit, verpassten Gelegenheiten nachzutrauern und nennen es Pflichterfüllung. Wir kleben noch am Winter, wenn es schon Frühling ist.

(W)

Mit den kostbarsten Eigenschaften des Menschen verhält es sich wie mit zarten Fruchtblüten - nur wenn man ganz vorsichtig mit ihnen umgeht, bleiben sie erhalten. Und doch behandeln wir weder uns noch die Anderen so zartfühlend, wie es nötig wäre.

(W)

Ganz gleich, ob ein Fisch springt oder ein Käfer ins Wasser fällt: leichtes Gekräusel zieht seine Kreise und gibt davon Kunde in Linien voll Schönheit. Wie friedlich ist das Leben des Teiches. Jedes Blatt, jeder Zweig, jeder Stein und jedes Spinnennetz glänzt nun in der Nachmittagssonne, als läge auf ihnen der Tau eines Frühlingsmorgens.

(W)

Die Natur ist unendlich schöpferisch. Wie ein Handwerker in seiner Werkstatt erfindet sie immer wieder neue Muster.

(C)

Die Menschen eilen nach Kalifornien und Australien, als wäre dort das wahre Gold zu finden und begeben sich doch nur weiter und weiter weg von der wirklichen Goldader. ... Ist nicht unser eigener Boden voller Gold? Fließt nicht ein Bach von den Goldenen Bergen direkt in unser eigenes Tal?

(C)

Habe keine wertlosen Stunden. Sei dankbar für jede Stunde und nimm das an, was sie dir bringt. Kein Tag ist umsonst, wenn eine Seite voll aufrichtiger Gedanken geschrieben worden ist. Laß die tägliche Flut ihr Strandgut auf diesen Seiten niederlegen, wie sie Sand und Muscheln am Ufer zurückläßt als Zuwachs zum festen Land.

(C)

Wir müssen nur die Bäume pflanzen, die Natur wird dann die farbigen Behänge finden. ... Laßt uns Weiden für den Frühling haben, Ulmen für den Sommer, Ahorn und Nußbaum für den Herbst, Immergrün für den Winter und Eichen für alle Jahreszeiten.

(C)

Jage deinem Leben nach, halte Schritt mit ihm, umkreise es rund herum wie ein Hund den Wagen seines Herrn. Tue, was du liebst. Wisse, welcher Knochen dir gehört; nage an ihm, verscharre ihn, grabe ihn aus und benage ihn wieder.

(C)

Als ich heute früh erwachte, sah ich, daß es schneite. Der Boden war schneebedeckt, ganz unerwartet. Der starke Nordwestwind bläst den Schnee fast waagerecht daher, die Vögel fliegen umher, als wenn sie Schutz suchten. ... Der Winter mit seinem Einwärts ist jetzt über uns. Man muß sich hinsetzen und denken.

(C)

Ich bin nicht einsamer als der Eistaucher auf dem See mit seinem lauten, lachenden Ruf oder als der Waldensee selbst. Was für Gesellschaft hat denn dieser einsame See? Und doch birgt er nicht Trübsinn sondern die Heiterkeit des Himmels in seinen azurblauen Tiefen.

(W)

Was ist ein Lehrgang in Geschichte, in Philosophie oder in der Kunst der Dichtung, was bedeutet der beste gesellschaftliche Umgang oder eine vorbildliche Lebensführung im Vergleich zu der Fähigkeit, die Dinge so zu sehen, wie sie sind?

(W)

Was für ein herrlicher Abend, wenn der gesamte Körper nur ein Sinn ist und durch jede Pore Wonne einsaugt. Ich bewege mich mit merkwürdiger Unbeschwertheit in der Natur, deren Teil ich bin. Es ist kühl, wolkig und windig und ich fühle mich allen Elementen geistesverwandt.

(W)

Viele Menschen halten die Wahrheit für etwas Unerreichbares, etwas, das es nur jenseits unserer Welt gibt, vor Adam und nach dem letzten Menschen. Und tatsächlich liegt in der Ewigkeit etwas Wahres und Erhabenes. Aber Gott erschließt sich im gegenwärtigen Augenblick, und nur in der Wirklichkeit, die uns umgibt, begreifen wir das Erhabene und das Edle.

(W)

Henry David Thoreau (1817–1862) lebte in der kleinen neuenglischen Stadt Concord im nordamerikanischen Staat Massachusetts.
Nach seinem Studium am Havard-College übernahm er eine Stelle als Lehrer am privaten Gymnasium in seiner Heimatstadt. Der Dichter-Philosoph Ralph Waldo Emerson lebte ebenfalls dort, und Concord entwickelte sich durch die Anziehungskraft der beiden großen Geister bald zu einem intellektuellen Zentrum. In der Nähe des Ortes baute sich Thoreau eine Hütte am einsam gelegenen Waldensee und zog sich 1845 in die Einsamkeit der Wälder zurück – hatte aber Verbindung zum Städtchen. Hier schrieb er sein berühmtes Buch „Walden – oder Leben in den Wäldern". Aus den Erfahrungen und Erkenntnissen dieser Jahre entstand auch seine bewegende Streitschrift „Von der Pflicht zum Ungehorsam gegen den Staat", mit der er zum Kampf gegen die Sklaverei aufrief. Die Schriften des nur fünfundvierzig Jahre alt gewordenen Henry D. Thoreaus beeinflußten Gandhi, die französische Résistance, Martin Luther King und auch die Alternativ-Bewegungen unserer Zeit.
Thoreau, der zeit seines kurzen Lebens auf der Suche nach seiner Bestimmung und seinem Standort in der Welt war, hat auch für sich den Zwist zwischen Individuum und Gemeinwesen nicht lösen können.
Seine Gedanken helfen auch heute dem weiter, der „aus tieferen Wassern trinken möchte".

Florian Werner ist Mitglied der Fotografenvereinigung LOOK. Viele seiner Fotografien in diesem Buch entstanden in den frühen Morgenstunden in der Landschaft am Ammersee.

Die Textauswahl besorgte Leo Strohm auf der Grundlage folgender Werke Thoreau's:
C = The Concord Edition, o. J.
H = The Heart of Thoreaus's Journals, 1927
W = Walden or Life in the Woods, 1854

Reproduktionen: Scan-Studio Hofmann GmbH, Freiburg
Herstellung: Graphicom SRL, Vicenza, Italien, 1993
ISBN: 3-451-23165-4